I0214243

LINA LA JABALINA

Escrito e ilustrado por

Marybell Morse &
Eric Robert Morse

· Little Treasures ·

Para nuestras pequeñas jabalinas

Derechos de autor © 2024 por Marybell Morse y Eric Robert Morse. Todos los derechos reservados. Ninguna parte de este libro puede ser reproducida sin el permiso de los autores y artistas. Este libro ha sido publicado por Little Treasures, un sello de Code Publishing, *www.LittleTreasuresPress.com*.

ISBN: 978-1-60020-337-4
1-60020-337-X

Library of Congress Control Number: 2024915937

Esta es Lina la Jabalina.

Ella usa botas rojas.
Ella quiere ser una vaquera.

Usualmente las jabalinas no
aspiran a ser vaqueras.

Pero Lina es diferente.

A ella le encanta correr por
el cañón rocoso...

buscar fosiles...

y contemplar el cielo lleno de estrellas.

Un día, Lina estaba jugando al escondite y encontró algo especial en el suelo.

«¡Cielos, es una muñeca vaquera!», dijo ella.

«Me pregunto de quién será. Iré a investigar».

Se lo llevó a Cody el Coyote.

«¿Es tuya esta muñeca?», le preguntó.

«No», dijo Cody. «Yo no tengo muñecas».

Entonces se la
llevaron a Tula la
Tortuga.

«¿Es tuya esta muñeca?»,
le preguntó Lina.

«No», dijo Tula.
«Todas mis muñecas
están en casa».

Entonces se la llevaron a Army el Armadillo.

«¿Es tuya esta muñeca?»,
le preguntó Lina.

«No», dijo él.
«Seguramente le pertenece
a uno de los campistas».

«Si que es hermosa. ¿Nos podemos quedar con ella?», preguntó Tula.

«Tal vez podríamos intercambiarla por unos sabrosos bocadillos», dijo Cody.

«No podemos acercarnos
a los campistas—son
peligrosos», dijo Army.

«Una vaquera haría
lo correcto», dijo Lina.
«Deberíamos devolverla».

Entonces embarcaron en una aventura . . .

sobre   la

colina . . .

a

través

del

cañón . . .

y al cruzar el arroyo . . .

hasta que llegaron al campamento.

Army tenía miedo. «Tal vez deberíamos regresar», dijo el.

«Anda, no seas miedoso», dijo Cody.

«¿Entonces Cody, tú les devuelves la muñeca?», preguntó Tula.

«¡Sé que puedo ser imprudente, pero no me voy a meter en problemas!», dijo Cody.

«No», dijo Lina. «Yo encontré la muñeca. Yo la entregaré».

Entonces Lina se acercó hacia el campamento.

Pero cuando los campistas vieron a
Lina, se alarmaron.

¡El hombre se levantó y la espanto!

«¡Bribona! ¡Alejate!», le gritó.

Lina logró escapar, pero en
ese entonces la niña vio lo
que tenía en sus manos.

«¡Ella encontró mi muñeca vaquera!», dijo la niña.

«Esta bien señorita Jabalina», dijo la niña.
«No te haremos daño».

Cuando Lina escucho
esto, trajo de regreso
a la muñeca.

Lina puso la muñeca a los pies de la niña.

«Muchas gracias señorita Jabalina»,
dijo la niña.

La niña estaba muy agradecida de recuperar a su muñeca.

Estaba aún más agradecida de haber conocido a una nueva amiga.

Lina se fue apresuradamente y se despidió.

Pero antes de que se alejara mucho, el señor la llamó: «¡Espera! Tengo algo para ti».

El dejó una bolsa de sabrosos bocadillos para Lina.

«Gracias por traernos la muñeca de Sally», le dijo.
«Estos son para ti».

«Estoy verdaderamente agradecida», dijo Lina.

Y con eso, Lina fue de regreso con sus amigos.

«¡O Lina, nos alegra
mucho que hayas
regresado!», exclamó Tula.

«Sí, no pensábamos que
salieras bien de ese aprieto»,
dijo Army.

«Solo recuerden: ¡Donde hay valor, hay
posibilidad de aventura!», dijo Lina.

«¿Oye, y que tienes en esa bolsa?»,
preguntó Cody.

«¡Nos dieron unos ricos bocadillos por
regresarles su muñeca!», dijo Lina.

«¡Podemos compartirlos para la cena de hoy!»

Así regresaron a casa . . .

al cruzar el arroyo . . .

a

través

del

cañón . . .

sobre la colina . . .

y

hasta que regresaron a casa

donde cenaron sabrosos bocadillos mientras
contemplaban el cielo lleno de estrellas.

El fin.

www.ingramcontent.com/pod-product-compliance
Lightning Source LLC
Chambersburg PA
CBHW060750150426
42811CB00058B/1367

* 9 7 8 1 6 0 0 2 0 3 3 7 4 *